团体标准

沥青路面材料再生工厂技术规程

（沥青路面材料热再生部分）

Processing Plant Technical Specifications for Asphalt Pavement Materials Recycling

(The hot recycling section of asphalt pavement material)

DXJ/T A01—2019

主编单位：道路材料循环利用产业技术创新战略联盟

人民交通出版社股份有限公司
China Communications Press Co.,Ltd.

图书在版编目（CIP）数据

沥青路面材料再生工厂技术规程：沥青路面材料热再生部分 / 道路材料循环利用产业技术创新战略联盟主编. — 北京：人民交通出版社股份有限公司，2019.2

ISBN 978-7-114-15335-8

Ⅰ. ①沥… Ⅱ. ①道… Ⅲ. ①沥青路面—再生路面—路面材料—工厂—建筑设计—技术规范 Ⅳ. ①U416.217-65

中国版本图书馆 CIP 数据核字（2019）第 008908 号

标准类型： 团体标准
标准名称： 沥青路面材料再生工厂技术规程（沥青路面材料热再生部分）
主编单位： 道路材料循环利用产业技术创新战略联盟
责任编辑： 李　瑞
责任校对： 刘　芹
责任印制： 张　凯
出版发行： 人民交通出版社股份有限公司
地　　址： （100011）北京市朝阳区安定门外外馆斜街 3 号
网　　址： http：//www.ccpress.com.cn
销售电话： （010）59757973
总 经 销： 人民交通出版社股份有限公司发行部
经　　销： 各地新华书店
印　　刷： 北京鑫正大印刷有限公司
开　　本： 880×1230　1/16
印　　张： 3
字　　数： 60 千
版　　次： 2019 年 2 月　第 1 版
印　　次： 2019 年 2 月　第 1 次印刷
书　　号： ISBN 978-7-114-15335-8
定　　价： 35.00 元
（有印刷、装订质量问题的图书，由本公司负责调换）

前　言

随着我国生态文明和绿色公路建设的发展，沥青路面的再生利用已成为公路和城镇道路建设养护工程中的重要技术，交通运输部、住房和城乡建设部均已颁布了相关的技术规范。但现有技术规范主要集中在再生材料的应用，而对再生材料的规范化生产涉及较少。

道路材料循环利用产业技术创新战略联盟通过对国内外沥青路面再生技术发展趋势的分析，提出了“再生工厂”的理念。“再生工厂”不同于传统的再生沥青拌和楼，“再生工厂”通过对再生沥青混合料生产功能区的合理划分与合理布局，以工厂化方式进行再生沥青混合料生产，从而提高再生效率和再生质量，具有高效、环保的特征并实现全过程清洁化生产。

本规程在借鉴和总结国内外相关工程经验和研究成果的基础上编写而成，共 9 章和 1 个附录，主要内容包括：再生工厂的总体设计、再生工厂的生产设备、RAP 料的收集加工与基准料生产、再生混合料的设计与生产、再生工厂试验室建设、再生工厂环保要求、再生工厂质量管理与劳动保护。

“再生工厂”是一个系统理念，具有对回收沥青路面材料的综合处理能力，可根据 RAP 料的性能和市场需求，生产不同类型的再生产品，并且在生产过程中不产生需废弃的材料，因此“再生工厂”应具有热再生、冷再生及其他循环利用方式。

为适应我国沥青路面再生利用市场的需求，本次规程编写重点是沥青路面材料热再生部分，编写组将在后续的版本中进一步完善其余部分。请各单位在使用过程中注意总结经验，及时将对本规程的意见和建议函告道路材料循环利用产业技术创新战略联盟（地址：北京昌平区科星西路 106 号院 4 号楼 708 室，102208，联系电话：010 - 56875989），以便修订时研用。

本规程起草单位：道路材料循环利用产业技术创新战略联盟、吉林省嘉鹏集团有限公司、正平路桥建设股份有限公司、重庆交通大学、东南大学、鞍山森远路桥股份有限公司、智立达资源循环利用科技股份有限公司、福建泉成机械有限公司、美通重机有限公司、嘉鹏再升科技（深圳）股份有限公司、重庆诚邦科技集团有限公司、中路资源循环利用科技（南京）有限公司。

本规程主要起草人：郭小宏、赵永利、王志山、金生辉、甘迎新、陈琦、刘帮银、刘爱民、高金龙、韩文韬、桂勘、朱志刚、赵继成、尹万东、廖志。

目　次

1　总则

1.0.1　为统一沥青路面材料再生工厂标准，指导公路沥青路面材料再生工厂的建设和运营，特制定本规程。

1.0.2　本规程适用于公路沥青路面材料再生工厂厂内布局、建设、运营，或已有沥青路面材料搅拌站的改建。

1.0.3　沥青路面材料再生工厂的建设，应符合工厂设置区域的环保要求。

1.0.4　本规程所遵循的相关技术规范包括：

《声环境功能区划分技术规范》（GB/T 15190—2014）；
《工业企业厂界环境噪声排放标准》（GB 12348—2008）；
《大气污染物综合排放标准》（GB 16297—1996）；
《锅炉大气污染物排放标准》（GB 13271—2014）；
《公路沥青路面施工技术规范》（JTG F40—2004）；
《公路沥青路面养护技术规范》（JTJ 073.2—2001）；
《公路沥青路面再生技术规范》（JTG F41—2008）；
《公路工程沥青及沥青混合料试验规程》（JTG E20—2011）；
《公路工程集料试验规程》（JTG E42—2005）；
《环境空气质量标准》（GB 3095—2012）；
《工业企业设计卫生标准》（GB Z1—2010）；
《有机溶剂作业场所个人职业病防护用品使用规范》（GBZ/T 195—2007）；
《生产过程安全卫生要求总则》（GB/T 12801—2008）。

2 术语、符号

2.1.1 回收沥青路面材料 Reclaimed Asphalt Pavement（RAP）

通过铣刨、开挖等方式从沥青路面上获得的旧沥青路面材料。

2.1.2 再生沥青混合料 Recycled Asphalt Mixture（RAM）

含有回收料沥青路面材料（RAP）的沥青混合料。

2.1.3 沥青路面材料再生工厂 Recycled Asphalt Mixture Material Processing Plant（RAMPP）

依据热再生或冷再生工艺原理，通过对再生沥青混合料生产功能区的合理划分与合理布局，具有高效、环保特征的，以工厂化方式进行再生沥青混合料生产的工厂，简称再生工厂。

2.1.4 基准料 Reference Material of Recycled Asphalt Mixture（RMAM）

按照热拌沥青混合料对不同原材料与混合料性能的要求，依据一定的生产工艺，对回收沥青路面材料进行取舍与加工，所形成的具有不同类型与规格要求、性能稳定的再生混合料初级成品。

2.1.5 沥青再生剂 Asphalt Rejuvenate Agent（RA）

掺加到热沥青混合料中，用于恢复老化沥青性能的化学添加剂。

3 沥青路面材料再生工厂的总体设计

3.1 沥青路面材料再生工厂技术等级

3.1.1 技术等级划分依据

再生工厂技术等级的分类，须综合考虑工厂产量规模、再生混合料生产方式、工厂的环保水平、沥青与沥青混合料试验室试验能力要求等。

1 再生工厂的产量，分为4个类型。

①超大型：年再生生产能力40万t以上。

②大型：年再生生产能力30万~39万t以上。

③中型：年再生生产能力20万~29万t以上。

④小型：年再生生产能力10万~19万t以上。

2 再生混合料的生产方式，分为2个类别。

①热拌再生类：基准料经冷配料系统配料后，输送至RAP料烘干筒，经烘干后计量，进入沥青混合料搅拌缸，与经新料烘干筒烘干的新集料，以及矿粉、沥青等，一起搅拌混合并形成再生沥青混合料。

②温拌再生类：基准料经冷配料系统配料后，输送至计量仓计量，经烘干后计量，进入沥青混合料搅拌缸，与经新料烘干筒烘干的新集料，以及矿粉、泡沫沥青等，一起搅拌混合并形成再生沥青混合料。

3 再生工厂的环保水平，分3个层次。

①第一层次：再生工厂设置在2类声环境功能区、大气污染物排放限定值为二级的区域，环保要求需按2类声环境功能区、大气污染物排放按二级限定值规定执行。

②第二层次：再生工厂设置在3类声环境功能区、大气污染物排放限定值为三级的区域，环保要求需按3类声环境功能区、大气污染物排放按二级限定值规定执行。

③第三层次：再生工厂设置在4类声环境功能区、大气污染物排放限定值为三级的区域，环保要求需按4类声环境功能区、大气污染物排放按三级限定值规定执行。

4 再生工厂试验室的试验能力，分2个类型。

①生产型：再生工厂试验室的试验能力，能够满足再生工厂常规生产所需要的沥青与再生沥青混合料试验与检测工作。

②生产创新型：再生工厂试验室的试验能力，除满足再生工厂常规生产所需要的沥青与再生沥青混合料试验与检测工作外，还能进行环保型沥青混合料产品开发、试验研

究，或对现有沥青与再生沥青混合料产品进行性能提升与完善。

3.1.2 再生工厂技术等级划分

根据年产量规模、产品生产方式、环保水平、试验室试验能力，沥青路面再生工厂分为4个等级。

1 绿色环保大型再生工厂（Ⅰ级）：再生工厂环保水平满足第一层次，能够生产热拌、温拌再生沥青混合料产品，工厂试验室的试验能力能够满足生产创新要求，年再生生产能力达到30万t及以上，简称Ⅰ级再生工厂。

2 绿色环保再生型工厂（Ⅱ级）：再生工厂环保水平满足第一层次，能够生产热拌、温拌再生沥青混合料产品，工厂试验室的试验能力能够满足生产型要求，年再生生产能力达到10万t及以上，简称Ⅱ级再生工厂。

3 环保再生工厂（Ⅲ级）：再生工厂环保水平满足第二层次，能够生产热拌、温拌再生沥青混合料产品，工厂试验室的试验能力能够满足生产型要求，年再生生产能力达到10万t及以上，简称Ⅲ级再生工厂。

4 再生工厂（Ⅳ级）：再生工厂环保水平满足第三层次，能够生产热拌、温拌再生沥青混合料产品，工厂试验室的试验能力能够满足生产型要求，年再生生产能力达到10万t及以上，简称Ⅳ级再生工厂。

3.2 沥青路面材料再生工厂的选址

沥青路面材料再生工厂的选址，需考虑当地的城乡规划、RAP料的来源、新集料的来源、沥青的供给情况、运输条件、再生沥青混合料的应用需求、供料范围等因素；同时要考虑到水、电、气的供应，货运码头等。再生工厂基本技术指标应满足表3.2-1要求。

表3.2-1 沥青路面材料再生工厂技术等级与指标

等级	指标				
	产量规模	再生沥青混合料生产方式	环保水平	试验室试验能力要求	供料范围
Ⅰ级	≥30万t	热拌或温拌	第一层次	生产创新型	100km
Ⅱ级	≥10万t	热拌或温拌	第一层次	生产型	100km
Ⅲ级	≥10万t	热拌或温拌	第二层次	生产型	100km
Ⅳ级	≥10万t	热拌或温拌	第三层次	生产型	100km

3.2.1 Ⅰ级再生工厂

1 设厂区域的要求。

①适宜设置在2类声环境功能区、大气污染物排放限定值为二级的区域，如商业、工业与居住混杂，需要维护住宅安静的区域。

②设厂区域内对再生混合料需求量大，并且需求稳定。

③设厂区域内及附近区域沥青路面旧料、新集料有稳定的来源。

2 设厂位置的要求。

①设厂位置附近，交通运输便利，有稳定、可靠的水、电、气的供应。

②所选设厂位置，应能让再生沥青混合料方便到达供给范围以内的（约 100km）需求点，须避免再生沥青混合料在运输中的转运。

③设厂地点的地形应为平地或台地，地形地貌与地基满足工业厂房对水文、承载的相关要求。

④应分析设厂地点的常年风向，设厂地点下风口方向 200m 以内，不应出现居民住宅区。

3.2.2 Ⅱ级再生工厂

1 设厂区域的要求。

①适宜设置在 2 类声环境功能区、大气污染物排放限定值为二级的区域，如商业、工业与居住混杂，需要维护住宅安静的区域。

②设厂区域内对再生混合料有稳定的需求。

③设厂区域内沥青路面旧料、新集料有稳定的来源。

2 设厂位置的要求。

①设厂位置附近，交通运输便利，有稳定、可靠的水、电、气的供应。

②所选设厂位置，应能让再生沥青混合料方便到达供给范围以内的（约 100km）需求点，须避免再生沥青混合料运输中的转运。

③设厂地点的地形应为平地或台地，地形地貌与地基满足工业厂房对水文、承载的相关要求。

④应分析设厂地点的常年风向，设厂地点下风口方向 200m 以内，不应出现居民住宅区。

3.2.3 Ⅲ级再生工厂

1 设厂区域的要求。

①适宜设置在 3 类声环境功能区、大气污染物排放限定值为二级的区域，如以工业生产、存储物流为主要功能的区域、需要防止工业噪声对周边环境产生严重影响的区域。

②设厂区域内对再生混合料需求量大、需求稳定。

③设厂区域内及附近区域沥青路面旧料、新集料有稳定的来源。

2 设厂位置的要求。

①设厂位置附近，交通运输便利，有稳定、可靠的水、电、气的供应。

②所选设厂位置，应能让再生沥青混合料方便到达供给范围以内的（约 100km）需求点，须避免再生沥青混合料运输中的转运。

③设厂地点的地形应为平地或台地，地形地貌与地基满足工业厂房对水文、承载的相关要求。

④应分析设厂地点的常年风向，设厂地点下风口方向200m以内，不应出现居民住宅区。

3.2.4 Ⅳ级再生工厂

1 设厂区域的要求。

①适宜设置在4类声环境功能区、大气污染物排放限定值为三级的区域，如交通干线两侧一定范围内、需要防止交通噪声对周边环境产生严重影响的区域。

②设厂区域内对再生混合料需求量大、需求稳定。

③设厂区域内及附近区域沥青路面旧料、新集料有稳定的来源。

2 设厂位置的要求。

①设厂位置附近，交通运输便利，有稳定、可靠的水、电、气的供应。

②所选设厂位置，应能让再生沥青混合料方便到达供给范围以内的（约100km）需求点，须避免再生沥青混合料运输中的转运。

③设厂地点的地形应为平地或台地，地形地貌与地基满足工业厂房对水文、承载的相关要求。

④应分析设厂地点的常年风向，设厂地点下风口方向200m以内，不应出现居民住宅区。

3.3 沥青路面材料再生工厂总体布局

3.3.1 总体布局的原则

1 沥青路面再生工厂总体布局要兼顾生产流程和物料转运的顺畅和便捷，同时有助于控制厂区的污染，兼顾生产、管理、试验和生活。

2 对于仅进行热拌再生型的再生工厂和可同时进行热拌、温拌再生型的再生工厂，由于再生生产工艺有所不同，在总体布局时应区别对待。

3.3.2 再生工厂的功能分区

根据沥青路面材料再生生产工艺，将再生工厂划分为13个功能区，包括：RAP料堆放区、RAP料破碎筛分区、基准料存储区、基准料自动配料输送区、新集料上料区、新集料存储区、新集料自动配料输送区、沥青罐存放区、再生混合料配料搅拌区、生产控制区、试验室、办公区、职工生活区等。

1 RAP料堆放区：用于堆放RAP料的区域。

RAP料回收之后，由于来源不同其性能存在较大的差异性。经性能检测，对性能相近的RAP料，可在堆放区进行混合；对性能相差显著的RAP料，须分别堆放。

2　RAP 料破碎筛分区：用于破碎、筛分 RAP 料的区域。

RAP 料破碎，是 RAP 料预处理的重要环节。破碎后的 RAP 料，经过筛分，应形成满足对应技术等级再生工厂需要的基准料颗粒粒径要求。

3　基准料存储区：用于存储不同规格基准料颗粒的区域。

基准料颗粒粒径应分为 3 ~5 个档位，对于不同技术等级的再生工厂，须设置 4 ~5 个存储料仓，以便满足不同再生混合料类型的生产需要。

4　基准料自动配料输送区：用于不同档位基准料颗粒的自动配料、输送。

对于不同技术等级的再生工厂，基准料自动上料区应分别设置 4 ~5 个配料斗和相应的配料控制装置。

5　新集料上料区：用于将不同档位的新集料分别输送至新集料存储区。

6　新集料存储区：用于分别存储不同档位的新集料。

对于Ⅰ级、Ⅱ级再生工厂，须设置不少于 6 个新料存储料仓；对于Ⅲ级、Ⅳ级再生工厂，须设置不少于 5 个新料存储料仓。

7　新集料自动配料输送区：用于不同档位新集料的自动配料、输送。

对于Ⅰ级、Ⅱ级再生工厂，新集料自动配料输送区应分别设置不少于 6 个配料斗和相应的配料控制装置，以及新集料输送系统；对于Ⅲ级、Ⅳ级再生工厂，新集料自动配料输送区应分别设置不少于 5 个配料斗和相应的配料控制装置，以及新集料输送系统。

8　沥青罐存放区：用于沥青的存储和加热。

9　再生混合料配料搅拌区：用于新集料的烘干加热、筛分、计量，以及基准料的烘干加热、计量，沥青（泡沫沥青）、矿粉的计量，再生沥青混合料的搅拌。

10　生产控制区：再生工厂基层管理人员对整个工厂生产过程实施控制与调度的场所。

11　试验室：对整个再生工厂生产过程中再生混合料质量实施检测与分析，以及进行沥青混合料产品开发、试验研究，或对现有沥青与再生沥青混合料产品进行性能提升与完善的试验场所。

12　办公区：再生工厂管理部门工作场所。

13　职工生活区：再生工厂员工住宿、休闲场所。

3.3.3　再生工厂的功能区布局

1　再生工厂的功能区布局应结合具体的地形地貌和相应地质条件进行。

2　在功能区布局中，功能相近、生产工艺联系紧密的功能区，应进行相邻布局（包括平面、空间），以便于形成 RAP 料预处理车间、新集料与基准料存储车间、新集料与基准料配料与输送车间、集料烘干与再生混合料拌和车间。

3　用于再生工厂生产的水、电、气等管线以及沥青管道等，尽可能埋设于地下，沥青罐、油罐等尽可能下置。

4　再生工厂内的道路交通布局，应方便新集料、RAP 料和再生沥青混合料运输车辆的通行，方便工厂生产与管理，须避免不同工作性质车辆的通行干扰。

5　再生工厂内道路与公共区域，地面须进行硬化处理，并留有相应的绿化区域。对地面水可设置收集系统与处理装置。

3.3.4　再生工厂功能区平面布局典型方案

见附录 A。

4　沥青路面材料再生工厂生产设备

用于沥青路面再生工厂生产的设备，包括：RAP 料破碎与筛分、RAP 料混合、基准料存储、基准料自动配料输送、新集料上料、新集料存储、新集料自动配料输送、沥青罐存放、再生混合料配料搅拌、生产控制涉及的机械与设备。

4.1　RAP 料破碎与筛分

4.1.1　RAP 料破碎设备

宜采用专用的 RAP 料破碎机或冲击式破碎机，对块状 RAP 料进行破碎处理。

1　冲击式破碎机设备宜采用辊式破碎机。如图 4.1-1 和图 4.1-2 所示。

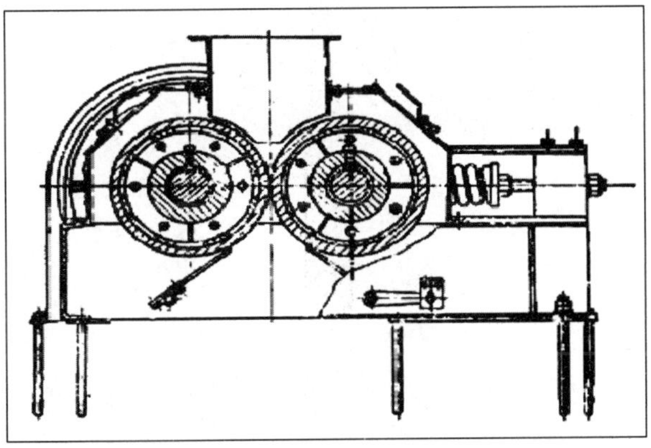

图 4.1-1　辊式破碎机

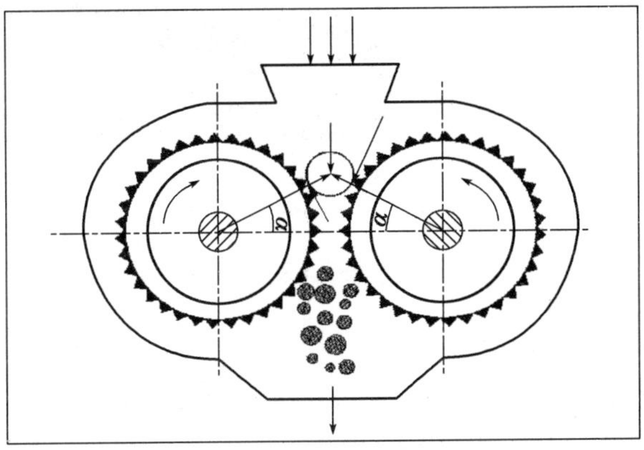

图 4.1-2　单浮动双辊式破碎机示意图

使用破碎机破碎 RAP 料时，应尽可能不破坏原有级配。在现有的破碎设备中，适合破碎块状 RAP 料的设备，为单浮动双辊式破碎机。

2　RAP 料破碎机是专门破碎旧沥青路面回收料的设备，该设备作业时，对 RAP 料的集料破坏较少，能够保证 RAP 料的原有级配。

RAP 料破碎设备根据破碎方式宜分两档。其中：一级破碎方式宜采用柔性辊式破碎机，其破拱装置能够适应 800mm 以下大尺寸再生料破碎；二级破碎方式宜采用双辊式柔性破碎机。

4.1.2　RAP 料筛分设备

RAP 料筛分设备是 RAP 料处理中的主要设备之一。其机械性能应能满足再生沥青混合料对 RAP 料筛分的需求。

1　筛分设备的筛网、筛孔。RAP 料筛分设备的筛网与筛孔尺寸选择，须根据需再生的混合料最大公称粒径，能够将破碎后的 RAP 料分成若干档，以满足不同类型再生沥青混合料合成用料。

2　筛分设备。根据 RAP 料处理的需要，可以选择直接筛分或多级联合筛分设备。

①直接筛分设备。这类设备可以直接对 RAP 料进行筛分作业，并将 RAP 料筛分成不同粒径大小的颗粒料。再生工厂筛子类型宜采用振动筛（如图 4.1-3 所示）。

图 4.1-3　RAP 料直接筛分设备

②多级联合筛分设备。采用路面翻松设备回收旧沥青路面材料时，可以将 RAP 料破碎工艺与筛分工艺相配合进行，这时选用多级联合筛分设备进行破碎筛分作业。根据需要，选用不同筛孔的筛网进行组合，将 RAP 料进行分档、筛分成不同粒径的 RAP 颗粒料（如图 4.1-4 所示）。

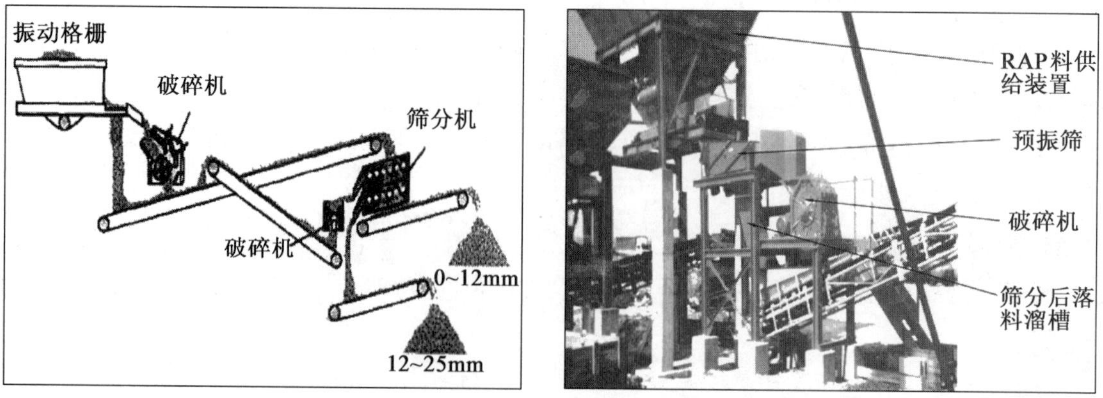

图 4.1-4　RAP 料多级联合筛分设备

4.2 新集料与基准料存储区装置

4.2.1 新集料存储区装置

新集料存储区装置包括新料上料系统、新料存储料仓。

1 新料上料系统主要由地仓式新料接料斗、上料斜皮带、新料皮带输送系统组成。

①地仓式新料接料斗的斗口与地面齐平，斗口上应备有隔筛，斗底下，安装上料斜皮带。

②接料斗斗容应大于15m^3，斗口宽度大于3.5m。

③上料斜皮带应采用裙边皮带，其输送能力应能够满足对应再生工厂技术等级的平均日生产能力。

④新料皮带输送系统的输送能力，应能够满足对应再生工厂技术等级的平均日生产能力。其中皮带应采用裙边皮带。

2 新料存储料仓。

①Ⅰ级再生工厂和Ⅱ级再生工厂新集料新料存储区，须设置不少于6个存储料仓；Ⅲ级再生工厂和Ⅳ级再生工厂新料存储区，须设置不少于5个存储料仓。

②新料存储料仓采用地仓式结构。

③各存储料仓之间，应设置隔墙。存储料仓容量应大于对应规格集料5d的生产用量。隔墙高度应保证存储仓集料最大储量时，不发生串料与混料。

④新料存储料仓上方，须布置相应的抽风设备，风量应能保障存储料仓上方空气流通，粉尘能及时吸出。

4.2.2 基准料存储区装置

基准料存储区装置包括基准料上料系统和基准料存储料仓。

1 基准料上料系统主要由地仓式基准料接料斗、上料斜皮带组成。

①基准料接料斗的斗口与地面齐平，斗口上应备有隔筛。斗底下，安装上料斜皮带。

②接料斗斗容应大于15m^3，斗口宽度大于3.5m。

③上料斜皮带应采用裙边皮带，输送能力应能够满足对应再生工厂技术等级的平均日生产能力。

2 基准料存储料仓。

①Ⅰ级再生工厂和Ⅱ级再生工厂基准料存储区，须设置5个存储料仓；Ⅲ级再生工厂和Ⅳ级再生工厂，须设置4个存储料仓。

②存储料仓采用地仓式结构。

③各存储料仓之间，应设置隔墙。存储料仓容量应大于对应规格集料1d的生产用量。隔墙高度应保证存储仓集料最大储量时，不发生串料与混料。

④基准料存储料仓上方，须布置相应的抽风设备，风量应能保障存储料仓上方空气

流通，粉尘能及时吸出。

4.3 新集料自动配料区与新集料输送系统装置

4.3.1 新集料自动配料区装置

1 新集料自动配料区装置包括：下沉式料斗、对应的称重系统与配料皮带和分散式除尘装备。

2 Ⅰ级再生工厂和Ⅱ级再生工厂新集料自动配料区，须设置不少于6个下沉式料斗和对应的称重系统与配料皮带；Ⅲ级再生工厂和Ⅳ级再生工厂新料自动配料区，须设置不少于5个下沉式料斗和对应的称重系统与配料皮带。

3 料斗斗容应大于15m^3，斗口宽度大于3.5m，料斗的斗口上沿，与对应的地仓仓底齐平。料斗可带间歇振动器。

4 称重系统应包括变频调速电动机与皮带给料器。变频调速电机的转速应能够独步或同步进行调节，并设有断料报警装置。皮带给料器的喂料量，应能够满足对应再生工厂技术等级的平均日生产能力，应采用裙边皮带。

5 分散式除尘装备紧邻称重系统，其风量应能保障新料配料时产生的粉尘能及时吸出。

4.3.2 新集料输送系统装置

1 新集料输送装置主要包括新集料收集皮带机、新集料输送皮带机与分散式除尘装备。

2 皮带机的皮带应为环形无接缝，皮带机应具有张紧、防溢出、自清扫的功能，并能方便清除溢料，装有安全保护装置。皮带机的输送能力，应略大于对应再生工厂技术等级的平均日生产能力。

3 分散式除尘装备紧邻新集料收集皮带机与新集料输送皮带机的结合处，其风量应能保障新料配料时产生的粉尘能及时吸出。

4.4 基准料自动配料区与输送系统装备

4.4.1 基准料自动配料区装置

1 基准料自动配料区装置包括：下沉式料斗、对应的称重系统与配料皮带和分散式除尘装备。

2 Ⅰ级再生工厂和Ⅱ级再生工厂基准料自动配料区，须设置5个下沉式料斗和对应的称重系统与配料皮带；Ⅲ级再生工厂和Ⅳ级再生工厂基准料自动配料区，须设置4个下沉式料斗和对应的称重系统与配料皮带。

3 料斗斗容应大于8m^3，斗口宽度大于3.5m，料斗的斗口上沿，与对应的地仓仓底齐平。料斗可带间歇振动器。

4　称重系统应包括变频调速电动机与皮带给料器。变频调速电机的转速应能够独步或同步进行调节，并设有断料报警装置。皮带给料器的喂料量，应能够满足对应再生工厂技术等级的平均日生产能力，应采用裙边皮带。

5　散式除尘装备紧邻称重系统，其风量应能保障基准料配料时产生的粉尘能及时吸出。

4.4.2　基准料输送系统装置

1　基准料输送装置主要包括基准料收集皮带机、基准料输送皮带机与散式除尘装备。

2　皮带机的皮带应为环形无接缝，皮带机应具有张紧、防溢出、自清扫的功能，并能方便清除溢料，装有安全保护装置。皮带机的输送能力，应略大于对应再生工厂技术等级的平均日生产能力。

3　散式除尘装备紧邻基准料收集皮带机与基准料输送皮带机的结合处，其风量应能保障基准料配料时产生的粉尘能及时吸出。

4.5　再生混合料配料搅拌区装备

再生混合料配料搅拌区装备包括新集料提升、烘干、筛分与计量配料系统，基准料提升、烘干、计量配料系统，再生混合料搅拌系统与再生混合料装料运输通道等装置。

4.5.1　新集料提升、烘干、筛分与计量配料系统

新集料提升、烘干、筛分与计量配料系统包括：新集料提升机、新集料烘干筒、热筛分机、热集料仓与计量系统。

1　新集料提升机

①提升能力应大于对应再生工厂技术等级的每小时对新料需求量的108%。

②提升装置应高效耐磨，提升机驱动减速机带有防逆转功能（防倒转）。

③设有链条张紧调节装置。

④外壳必须设计有隔音措施，厚度不小于50mm。

2　新集料烘干筒

①新集料烘干筒烘干能力应大于对应再生工厂技术等级的每小时对新料需求量的108%。

②筒体设计合理，叶片采用耐磨钢板。

③新集料烘干筒的驱动方式采用摩擦驱动。

④新集料烘干筒出料口采用测温仪测量热集料温度，热集料温度误差应在±5℃。

⑤外壳必须设计有隔音隔热措施。

⑥燃烧器形式采用燃油和天然气两用燃烧器，同时满足使用柴油、天然气作为燃料，燃烧器功率应满足每小时烘干新料需求的热量。

⑦燃烧器的点火方式采用微电脑燃烧器专用控制器，在控制室内即可进行远程自动点火和主燃烧器工况监控，并装有燃烧器故障自动停火、故障自动诊断和故障检查指引等装置。

⑧燃烧器周围必须设置有吸音装置。

3 热筛分机

①筛网层数应满足对应再生工厂技术等级对新料级配的需求，换网方便、快速。

②筛分能力应大于对应再生工厂技术等级的每小时对级配料需求量的108%，采用振动器驱动。

③外壳必须设计有隔音保温棉。

④应有用来吊装筛网或小配件的电动提升机，额定起重量应不小于500kg。

4 热集料仓与计量系统

①热集料仓数量与容量应满足对应再生工厂技术等级对新料级配的需求。

②热集料仓应装备连续式料位计，可在控制室清楚显示料位状态；卸料门采用双门双段控制；各仓应分隔合理，不能混料，各仓应设有专门的取料口。

③热料仓下半层应密封，减少粉尘外溢，减少噪声扩散。

④应配有废溢料回收排放装置，且排放位置应有吸尘设施。

⑤计量系统中，热集料秤能实现二次称量，进行更精确的误差补偿；称重能力须满足对应再生工厂技术等级每小时对应级配料的称重需求；称重误差控制在动态±2%，静态±0.5%。

⑥计量系统中，粉料秤称重能力须满足对应再生工厂技术等级每小时对粉料的称重需求；可计量两种以上粉料；称重误差控制在动态±1%，静态±0.3%。

⑦计量系统中，沥青秤称重能力须满足对应再生工厂技术等级每小时对沥青的称重需求；采取二次动态计量方式，变频控制沥青泵，以保证获得准确的油石比；称重误差控制在动态±1%，静态±0.2%。

⑧计量系统防尘装置：采用推拉门密封板的形式将计量搅拌层密封起来，减少粉尘外溢，减少噪声扩散。

4.5.2 基准料提升、烘干与计量配料系统

基准料提升、烘干与计量配料系统主要包括：基准料提升机、基准料烘干筒、基准料热料储存系统、基准料热料输送与计量系统、再生剂储供计量系统与预搅拌系统。

1 基准料提升机。

①提升能力应大于对应再生工厂技术等级的每小时对基准料需求量的108%。

②提升装置应高效耐磨，提升机驱动减速机带有防逆转功能（防倒转）。

③设有链条张紧调节装置。

④外壳必须设计有隔音措施，厚度不小于50mm。

2 基准料烘干筒。

①基准料烘干筒烘干能力应大于对应再生工厂技术等级的每小时对基准料需求量

的 108%。

②筒体设计合理，采用耐磨、防粘连叶片，筒体内部设计有自清洁装置或结构，正常温度范围内（120～160℃）无须人工清理维护。

③基准料烘干筒的驱动方式采用摩擦驱动。

④在基准料烘干筒干燥筒出料端，安装有测温装置。这些测温装置与燃烧器的控制系统、引风机风门自动伺服调节系统配合，构成反应灵敏、性能准确可靠的闭环全自动温度调节系统。在确保整个干燥加热系统热效率最佳工况下，使烘干筒出口料温度偏差，稳定地控制在 ±5℃的范围内。

⑤外壳必须设计有隔音隔热措施。

⑥燃烧器形式采用低压雾化变频控制油气两用燃烧器，满足使用柴油、天然气作为燃料。燃烧器功率应满足每小时烘干新料需求的热量；可通过燃油与风量按比例调节，实现火焰的控制。配备有光电管全程火焰监视，以保证燃烧器工作安全可靠。

⑦燃烧器的点火方式采用微电脑燃烧器专用控制器，在控制室内即可进行远程自动点火和主燃烧器工况监控，并装有燃烧器故障自动停火、故障自动诊断和故障检查指引等装置。

⑧燃烧器周围必须设置有吸音装置。

3 基准料热料储存系统。

①基准料热料储存仓采用单体圆柱或圆锥仓，容量大于 10t。

②仓顶部安装有温度检测装置，有称重装置可实时检测筒仓内集料质量，仓顶设置有检修门可方便取样或检修。筒仓周围外包有保温层。筒仓内有防粘连设施，仓的出料口放料门同样设置有加热保温装置。

4 基准料热料输送与计量系统。

①热基准料计量系统中，称重能力须满足对应再生工厂技术等级每小时对热基准料的称重需求；称重误差控制在静态≤ ±0.5%、动态≤ ±2%。

②基准料热料输送装置采用滑道式或皮带式，输送能力须满足对应再生工厂技术等级每小时对热基准料的拌和需求，并避免沥青黏附。

5 再生剂储供计量系统与预搅拌系统

①再生剂储存罐：容量须满足对应再生工厂技术等级的平均日生产能力，罐体配有加热装置与搅拌装置，储存罐外部应有保温措施。

②再生剂计量斗：应采用高精度传感器计量装置，其外部包有保温棉。所有计量与喷洒动作均由计算机来控制实现。

③预搅拌系统（选配）：可选配基准料预搅拌系统，主要包括再生剂与再生料专用搅拌缸，且可以实现在搅拌或不搅拌之间进行切换。

4.5.3 再生混合料搅拌系统

再生混合料搅拌系统包括：计量系统、搅拌系统、粉料系统、沥青储存与加热保温设备、燃油（燃气）储存设备、再生混合料成品料仓。

1　计量系统。

①热集料秤：能实现二次称量，进行更精确的误差补偿；称重能力须满足对应再生工厂技术等级每小时对应级配料的称重需求；称重误差控制在动态 ±2%，静态 ±0.5%。

②粉料秤：称重能力须满足对应再生工厂技术等级每小时对粉料的称重需求，可计量两种以上粉料，称重误差控制在动态 ±1%，静态 ±0.3%。

③沥青秤：采取二次动态计量方式，变频控制沥青泵。称重能力须满足对应再生工厂技术等级每小时对沥青的称重需求，称重误差控制在动态 ±1%，静态 ±0.2%。

2　搅拌系统。

①搅拌缸的搅拌周期，一般不低于 55s（可调）。搅拌能力折合成每小时搅拌缸的拌和能力，应大于对应再生工厂技术等级每小时要求生产能力的 108%。搅拌功率能够满足缸的搅拌要求，拌和叶片、拌和臂及衬板应容易更换，衬板和拌和叶片使用寿命≥10万批次。

②搅拌系统可以在再生沥青混合料拌和与沥青混合料拌和之间进行切换。

3　粉料系统。

①粉料仓须设置 2 个，要求能够单独输送、控制和累加计量。粉料仓总容积应大于对应再生工厂平均日生产能力对矿粉需求量的 108%，粉料仓均应设有破拱机构、除尘器及安全装置。

②粉料提升机采用高效耐磨结构，输送能力须满足对应再生工厂技术等级每小时要求粉料输送能力的 108%。

4　沥青储存与加热保温系统。

①沥青储存可采用沥青库或沥青罐。采用沥青罐储存沥青时，应满足：

沥青罐须设置 4 个以上，其中 2 个重交沥青罐，2 个改性沥青罐（带搅拌器）；单罐容量≥50t；沥青罐采用加热保温设计，有温度容量指示。

②导热油炉采用卧式或立式，加热能力≥418 万 kJ/h。

③须设置有沥青除味装置。

5　燃油（燃气）储存设备

燃油（燃气）储存设备的存储能力，应满足对应再生工厂平均日生产能力对燃油（燃气）需求量的 108%。

6　再生混合料成品料仓

①成品料仓总容积应大于对应再生工厂技术等级每小时生产能力的 35%，卸料高度须大于 3.8m。

②卸料位置应设置烟尘控制装置，需有卸料密封车道，车道内卸料口设计有防尘吸尘装置，此装置与放料门联动。

4.5.4　再生混合料装料运输通道装置

装料运输通道：分敞开式通道与密封通道。通道宽度须满足再生沥青混合料运输车辆的通行要求。在再生混合料成品料仓下方，设置卸料密封通道，密封通道高度须满足再生沥青混合料运输车辆的通行要求。

4.6 生产控制

1 生产控制系统包括计量控制系统和生产管理系统。控制系统须具有手动、半自动、全自动控制功能，各种功能可以互相切换；要求配置相应的显示器。

2 生产控制系统应能以视频（图像）和数据方式，分别显示再生工厂各车间不同工序的生产情况，并可以对不同工序工作过程进行远程操作。

3 生产控制系统应能显示和打印各种称量参数和温度参数的设定值和实际值。能自动扣除量器重量和调整零点，显示系统的料位指示和报警信号。

4 生产控制系统终端可分别位于生产控制区、办公区。其中位于生产控制区的生产控制系统终端，是再生工厂正常生产时生产控制与管理人员在操作使用；位于办公区的生产控制系统终端，是再生工厂正常生产时工厂管理人员在操作使用，可以分别采用大屏幕与普通屏幕配合操作键盘使用。

5 生产控制系统应能对设备进行远程故障诊断、报警。

5 RAP料的收集、加工与基准料生产

5.1 RAP料的收集

5.1.1 再生工厂宜建立专业的RAP料回收队伍，以利于有效控制RAP料的质量。

5.1.2 对RAP料的收集可以采用铣刨或挖除等方式，不同方式获得的RAP料不能直接混用。RAP料需经破碎筛分后，按要求的方式使用。

5.1.3 对旧路面进行铣刨挖除前，宜对旧路面性能进行全面的调查与标记。调查包括旧路面使用时间、路面的结构及材料类型、路面的养护历史、典型病害等；在铣刨前应对旧路面进行钻芯，以确定沥青层的实际厚度；对旧路面进行标记时，病害类型基本相似、路面性能基本类似的路面，应归为同一类路段，病害类型与路面性能相差较大的路段，应归为不同类路段。

5.1.4 对旧路面已出现明显翻浆、唧浆、大范围拥包、沉陷的路段，应进行单独铣刨回收和堆放。对旧路面建设及养护中，使用了格栅、防裂贴、土工布等材料的路段，应进行单独标识，单独回收。

5.1.5 铣刨回收前，应对旧路表面进行清理，以清除路面的垃圾、杂物、泥土。对旧路面局部进行过水泥混凝土修补的路段，应将水泥混凝土去除。

5.1.6 铣刨中可采用分段、分层的方式铣刨。当无特殊要求时，宜采用分段的方式全深度一次性铣刨。应随时观察铣刨效果，并严格控制铣刨深度，避免基层材料的混入。

5.1.7 铣刨速度宜控制在4～8m/min。铣刨速度过大易导致RAP料颗粒变粗，增加后续的破碎工作量；铣刨速度过小易导致RAP料级配细化严重。用于热再生时，铣刨速度宜取高值，用于冷再生时，铣刨速度宜取低值。再生工厂应根据自身铣刨设备及破碎设备的性能，确定合适的铣刨速度，并在不同路段的RAP料回收工程中，均应保持铣刨速度的稳定，以保证RAP料的一致性。

5.1.8 铣刨作业中可适当洒水，以减少铣刨作业的粉尘污染。洒水方式采取喷雾式，并严格控制洒水量。铣刨工作不宜在雨天进行。

5.1.9 铣刨获得的 RAP 料，应有专用运输车运送到指定地点进行存放，RAP 料运输车应进行覆盖，以避免对沿线环境产生粉尘污染。

5.1.10 应详细记录铣刨作业的时间、路段、过程及工艺参数。

5.1.11 对于由市场购得的 RAP 料，宜参照本规程了解其来源及性能。

5.2 RAP 料的堆放

5.2.1 收集的 RAP 料应在指定的 RAP 料堆放区进行堆放。为进一步提高再生工厂的环保要求，RAP 料堆放区宜全封闭化，并具有专门的降尘措施。

5.2.2 RAP 料堆放区应具有足够的面积，用于 RAP 料的收集储存。

5.2.3 对不同来源、不同工艺收集的 RAP 料应分开堆放；当单个铣刨工程量少于 2000t 时，所获得的 RAP 料宜与类似工程的 RAP 料进行均匀混合后堆放，混合可以采用装载机或其他专用设备进行。

5.2.4 RAP 原材料堆放场内，应对每一堆 RAP 原材料设置标识牌，标识牌应包含内容见表 5.2-1。

表 5.2-1 RAP 原材料标识牌内容

RAP 原材料识别号			
RAP 来源			
沥青类型		集料类型	
铣刨方式	一层	二层	三层
铣刨速度		铣刨时间	
备注			

注：其中 RAP 原材料识别号应具有唯一可识别性。

5.3 RAP 料的预处理

5.3.1 RAP 料预处理在 RAP 料破碎筛分区进行。RAP 料的预处理主要包括：RAP 料的取样分析、杂物的剔除、RAP 料的破碎筛分。

5.3.2 RAP 料进行破碎筛分前，应先进行取样分析，主要测试 RAP 料中油石比、老化沥青性能、RAP 料砂当量等指标。当 RAP 料性能满足表 5.3-1 的要求时，可用于热再生，如不满足则宜进行冷再生。

表 5.3-1 用于热再生 RAP 料宜满足的性能要求

指　标	RAP 油石比（%）	回收沥青针入度（0.1mm）	RAP 砂当量（%）
要求	≥3.5	≥25	≥65

5.3.3 RAP 进行破碎筛分前，应采用适当的方法剔除 RAP 料中的杂物。

5.3.4 无论是铣刨或是挖除获得的 RAP 料，均须经过破碎筛分后才能使用。RAP 料的破碎宜采用柔性破碎设备或辊式破碎设备，以减小对骨料的破碎程度和针片状颗粒的含量。

5.3.5 RAP 料经过筛分，应形成 3 档及以上档位的 RAP 颗粒料，以满足不同类型基准料对 RAP 颗粒粒径的要求。

5.3.6 RAP 料破碎筛分设备的生产能力，应与再生设备的生产能力相协调。

5.4 基准料堆放

5.4.1 基准料应在专用场地进行堆放，场地宜进行全封闭管理，减少污染。

5.4.2 基准料的堆放高度不宜超过 2m，储存时间不宜超过 7d，以避免破碎料板结。

5.4.3 对生产出的基准料应按不低于 1 次/1000t 的频率进行取样检测，检测的主要内容包括：抽提前后的级配、油石比、含水率、老化沥青针入度、老化沥青软化点、老化沥青延度、矿料密度等。

5.4.4 基准料应根据 RAP 料来源、性能、使用目标的不同进行分类堆放，每堆 RAP 基准料均应设置标识牌，标识牌应包含内容见表 5.4-1。

表 5.4-1 基准料识别标识牌内容

<table>
<tr><td>基准料识别号</td><td colspan="3"></td></tr>
<tr><td>原料 RAP 识别号</td><td colspan="3"></td></tr>
<tr><td>粒径范围（mm）</td><td></td><td>破碎日期</td><td></td></tr>
<tr><td>油石比（%）</td><td></td><td>针入度（0.1mm）</td><td></td></tr>
<tr><td>集料类型</td><td></td><td>含水率（%）</td><td></td></tr>
<tr><td>备注</td><td colspan="3"></td></tr>
</table>

注：其中基准料识别号应具有唯一可识别性。

5.5 基准料储存

5.5.1 不同类型基准料应分别堆放储存。同一类型、不同批次的基准料，如果生产时间间隔不长，可以一同堆放储存。

5.5.2 基准料储存区宜全封闭化，并具有专门的通风、降尘措施。

5.5.3 按不同类型，利用传送带将基准料转运至基准料堆料场堆放储存。堆放储存时，应注意：

1 同一类型基准料堆放时，每次应均匀铺开，第二次应在其上展开，以此类推，宜堆成圆锥形料堆。

2 基准料应堆放在预先经过硬化、排水通畅的地面上。

3 基准料受热容易结块，在气候炎热地区，堆料场宜采用遮阳棚遮挡，防止日光直接照射。

4 禁止采用帆布、塑料薄膜直接覆盖基准料料堆。

6　再生混合料的设计与生产

6.1　基准料要求

6.1.1　基准料要求

1　用于混合料热再生的基准料，其性能须满足表 6.1-1 要求后方可使用。

表 6.1-1　用于混合料热再生的基准料性能要求

<table>
<tr><th>材　料</th><th colspan="2">指　标</th><th>单　位</th><th>标　准</th></tr>
<tr><td rowspan="4">基准料</td><td colspan="2">油石比</td><td>%</td><td>实测</td></tr>
<tr><td rowspan="2">含水率</td><td>粗料、中料</td><td>%</td><td>≤2</td></tr>
<tr><td>细料</td><td>%</td><td>≤3.5</td></tr>
<tr><td colspan="2">砂当量</td><td>%</td><td>≥65</td></tr>
<tr><td rowspan="3">基准料中老化沥青</td><td colspan="2">针入度</td><td>0.01mm</td><td>≥25</td></tr>
<tr><td colspan="2">软化点</td><td>℃</td><td>实测</td></tr>
<tr><td colspan="2">延度（15℃）</td><td>cm</td><td>实测</td></tr>
<tr><td rowspan="4">RAP 中的矿料</td><td rowspan="2">针片状颗粒含量</td><td>粗料</td><td>%</td><td>15</td></tr>
<tr><td>中料</td><td>%</td><td>20</td></tr>
<tr><td colspan="2">压碎值</td><td>%</td><td>实测</td></tr>
<tr><td colspan="2">级配</td><td></td><td>实测</td></tr>
</table>

2　当基准料的储存时间超过 7d 后，宜对基准料中的老化沥青性能进行再次检测。

6.1.2　沥青胶结料

1　热再生混合料沥青胶结料可以使用道路石油沥青，也可以使用改性沥青等，沥青胶结料的性能指标应满足《公路沥青路面施工技术规范》（JTG F40）的性能要求。

2　混合料热再生中，应根据性能与掺量的不同，有针对性地选用沥青再生剂。再生剂产品应满足表 6.1-2 的基本要求。

表 6.1-2　再 生 剂 性 能

指　标	单　位	要　求
60℃黏度	mm^2/s	≥100
闪点	℃	≥220

表 6.1-2（续）

指　标	单　位	要　求
饱和分含量	%	≤30
薄膜烘箱试验前后黏度比		≤2.5
薄膜烘箱试验前后质量变化	%	≤3

3　再生剂应具有良好的储存稳定性、渗透性、安全性及与老化沥青的相容性。

6.1.3　矿料

1　混合料热再生中使用的矿料包括粗集料、细集料、矿粉等，其性能指标应满足《公路沥青路面施工技术规范》（JTG F40）的性能要求。

2　混合料热再生中，宜采用不超过矿料用量1%的水泥替代矿粉，以提高再生混合料的水稳定性。

6.2　混合料配合比设计

6.2.1　配合比设计的基本要求

1　再生沥青混合料的配合比设计，原则上应按照《公路沥青路面再生技术规范》（JTG F41）中推荐的三阶段设计方法进行，但应加强生产配合比设计阶段的设计和性能检测。

2　热再生混合料的性能，应满足《公路沥青路面施工技术规范》（JTG F40）的性能要求。当新添加沥青为SBS改性沥青时，厂拌热再生混合料的性能应满足SBS改性沥青的性能要求。

3　热再生混合料配合比设计中，应根据热再生混合料的性能特点，在《公路沥青路面施工技术规范》（JTG F40）性能要求允许的范围内进行适当调整，对于AC混合料其设计级配，宜在规范规定级配范围内，在中值与上限间进行选取；其设计空隙率，宜在规范规定的空隙率范围内，在中值与下限间选取。

6.2.2　基准料掺量的确定

1　再生沥青混合料中基准料的掺量，需要综合考虑基准料的类型、性能、再生剂的性能及再生效果、再生混合料的性能要求以及再生设备的性能、生产稳定性，结合工程特点、所用层位、施工单位的施工管理水平等确定。

2　依据实际需要和性能特点，选用不同类型基准料。在满足再生混合料的性能和再生路面性能的前提下，可加大基准料掺量。不同类型基准料的掺量，宜控制在20%～50%。

3　再生混合料配合比设计中，可先依据经验确定基准料的总掺量，再依据再生混合料的级配组成与新集料情况，确定基准料具体掺量。

4　当基准料中沥青老化程度较深或砂当量较小或含水率较高时，应适当降低基准料的掺量。

6.2.3　新沥青胶结料的选择

1　热再生混合料配合比设计中，新沥青胶结料可以选择道路石油沥青，也可以选择SBS改性沥青，选用其他类型沥青时，如试验结果表明其性能满足要求亦可使用。

2　新沥青等级的选择应参考新拌沥青混合料的标准，在此范围内优先选择低温性能好、拌和黏度低的沥青。

6.2.4　再生剂的选择及掺量确定

1　再生剂依据其性能特点可分为降黏类、降黏改性类等。混合料热再生中，宜依据基准料中沥青老化程度的不同、掺量的不同、再生混合料性能要求的不同，选用不同种类的再生剂，并确定其掺量。

2　当再生沥青混合料中，老化沥青占到再生沥青混合料中沥青胶结料总量的20%以上时，须添加再生剂。

3　再生剂用量的确定，可依据再生沥青混合料的实际使用效果，亦可通过老化沥青与再生剂混合后的性能测试，但需考虑再生工厂生产工艺的不同，再生剂在老化沥青膜中存在扩散梯度问题，因此不要求混合后的沥青胶结料性能达到选用新沥青时的标准。

6.2.5　配合比设计方法

1　热再生沥青混合料的配合比设计可采用马歇尔设计方法，也可采用Superpave及其他设计方法，具体设计方法可参照《公路沥青路面再生技术规范》（JTG F41）进行。

2　再生工厂宜建立再生沥青混合料数据库，详细记录原材料性能、基准料性能、再生混合料配合比设计、再生混合料性能、再生路面实际使用效果等信息，并具有唯一性和可溯源性；在原材料来源一致且稳定的情况下，允许依据数据库资料进行配合比选择，但需加强性能验证。

6.3　混合料热再生生产

6.3.1　混合料热再生中，各原材料进入拌缸的顺序，须结合再生混合料中旧沥青占沥青胶结料的比例确定。当再生混合料中旧沥青占沥青胶结料的比例小于40%时，各原材料进入拌缸的顺序宜为：基准料、再生剂、新集料、新沥青胶结料、矿粉；当再生混合料中旧沥青占沥青胶结料的比例大于40%时，各原材料进入拌缸的顺序宜为：新集料、新沥青胶结料、基准料、再生剂、矿粉。

6.3.2 再生工厂应根据设备生产能力及拌和效果，确定热再生混合料的拌和时间，以混合料均匀、无花白料为准。

6.3.3 混合料热再生中，不宜使用布袋除尘机的回收粉，当基准料掺量达到25%时，不得添加回收粉。

6.3.4 混合料热再生中，对温度的控制按表6.3-1执行。

表6.3-1 厂拌热再生沥青混合料的生产温度控制

施工工序	道路石油沥青的标号				SBS改性沥青
	50号	70号	90号	110号	
沥青加热温度（℃）	160～170	155～165	150～160	145～155	165～175
矿料加热温度（℃）	集料加热温度比沥青温度高20～40				190～210
基准料加热温度（℃）	110～130				
再生剂加热温度（℃）	依据产品说明书				
再生沥青混合料出料温度（℃）	160～180	155～175	150～170	145～165	180～190
再生混合料储料仓储存温度（℃）	储料过程中温度降低不超过10				
再生混合料废弃温度高于（℃）	200	195	190	185	195

注：厂拌热再生沥青混合料的生产温度，可依据RAP掺量的不同、添加剂不同、混合料类型不同等，在有充分试验依据的条件下进行适当的调整，以有利于拌和均匀性和施工碾压为准。

6.3.5 混合料热再生的成品，宜在成品储存仓中储存适当时间，以进一步促进再生混合料中各成分间的融合；运输距离近则储存时间长，运输距离远则储存时间短。

6.3.6 混合料热再生中，应加强现场观察，如发现基准料加热后出现焦糊、碳化、水汽重、冒泡等现象应废弃，并查明原因。

6.3.7 生产结束后，应定期对基准料烘干筒、混合料成品料仓进行清理。

6.4 混合料温拌再生技术

6.4.1 为进一步提高再生工厂的节能减排效果，宜在混合料热再生生产工艺中选用温拌技术。

6.4.2 使用温拌再生技术时，不能降低基准料的加热温度，应以调整新料的加热温度为主。

6.4.3 在混合料热再生中，不宜使用含水及含蜡等易降低混合料低温性能的温拌剂，推荐采用泡沫沥青温拌技术。

6.4.4 混合料温拌再生的生产控制温度，依据温拌再生技术特点及试验结果确定。

6.5 热再生混合料的质量评定

再生工厂的热再生沥青混合料性能，须满足《公路沥青路面施工技术规范》（JTG F40）的要求。

再生工厂的热再生沥青混合料的质量检测标准和频度，按照《公路沥青路面施工技术规范》（JTG F40）的要求进行。

7 试验室建设

7.1 试验室的基本要求

7.1.1 再生工厂应建立专业化的再生试验室，以保障并提高再生工厂的技术水平和管理水平，保证再生混合料的性能与质量。

7.1.2 再生试验室的主要工作任务包括：

1 对旧沥青路面进行性能检测和评价，以确定旧路面材料回收方案。

2 对 RAP 料进行检测和评价，以确定 RAP 料的预处理方案。

3 对 RAP 料进行检测和评价，以确定 RAP 料的再生方案。

4 进行其他各项原材料的性能检测。

5 进行基准料与再生混合料的配合比设计和性能检测。

6 对混合料再生生产过程和施工过程进行跟踪检测。

7 对生产及施工中出现的各种质量问题，进行分析评定。

8 建立与维护混合料再生性能数据库，详细记录原材料数据、配合比数据、基准料与混合料性能数据、生产数据、工程信息和实际使用效果及跟踪检测数据。

9 负责对混合料再生及其他具有节能环保效果的公路养护技术进行跟踪和开发。

10 负责对再生工厂的员工进行技术培训及其他可提高试验室能力的学习培训。

7.1.3 试验室应配备足够的技术人员，其中试验室负责人应是相关专业本科（及以上）毕业，并持有交通运输部试验检测工程师证书，试验人员应经过专业培训，试验室人员中，持有试验检测工程师和试验检测人员证书的总人数不得少于 4 人。

7.1.4 试验室应有足够的独立面积，用于试验室人员办公、试验仪器的安置、试验材料的堆放。

7.1.5 再生试验室应安装排风、除尘、净化系统，试验室各房间均应配备火警消防系统。

7.1.6 试验室的类型：生产型试验室和生产创新型实验室。

1　生产型：再生工厂试验室的试验能力，能够满足再生工厂常规生产所需要的沥青与再生沥青混合料试验与检测工作。

2　生产创新型：再生工厂试验室的试验能力，除满足再生工厂常规生产所需要的沥青与再生沥青混合料试验与检测工作外，还能进行环保型沥青混合料产品开发、试验研究，或对现有沥青与再生沥青混合料产品进行性能提升与完善。

7.2　试验室的设备配置

7.2.1　试验室应配备足够数量和种类的仪器设备，以保障试验室功能的发挥。

7.2.2　试验室的设备配置清单如表 7.2-1 所示。其中，生产创新型试验室试验设备配置除满足生产型试验室设备配置（必备设备）外，还须满足表 7.2-1 中生产创新型试验室要求的设备配置（宜加配备设备）。

表 7.2-1　再生试验室试验设备清单

试验对象	生产型试验室（必备设备）	生产创新型（宜加配备设备）
矿料	标准筛、振动机、电子天平、烘箱、游标卡尺、压力机、压碎值试验仪、砂当量仪	液塑限联合测定仪、洛杉矶磨耗机、比重瓶、细集料棱角性测定仪
沥青	自动针入度仪、软化点仪、低温延度仪、闪点仪、薄膜烘箱（或旋转薄膜烘箱）、恒温水槽、烘箱、电子天平、恩格拉黏度计、滤筛(1.18mm)	旋转黏度计、比重瓶、分析天平、小型高速剪切机、赛波特黏度计、电极板、沥青乳液稳定性试验管
热再生沥青混合料	沥青混合料拌和机、烘箱、电子天平、浸水天平、马歇尔自动击实仪、脱模机、全自动马歇尔仪、恒温水槽、沥青抽提仪、冰箱、压力机、旋转蒸发器	轮碾成型机、车辙试验仪、燃烧炉、离心机
路面现场	取芯机、摆式仪、路面渗水仪、构造深度仪、三米直尺	贝克曼梁
环境		粉尘浓度计、噪声计、有害气体测试仪
其他	红外温度枪、插入式温度计	

7.2.3　除上述试验设备外，试验室还应配备试验所需的各类试模、夹具、工具、容器、试剂及劳动保护用品。

7.3　试验室的检测工作内容

7.3.1　试验室应按频度、按批次对再生工厂的生产质量进行取样分析，对各种矿料规定以同一料源、同一次购入并运至生产现场的相同规格材料为一“批”；对沥青规定从同一来源、同一次购入且储入同一沥青罐的、同一规格的沥青为一“批”。对粗集料、细集料、矿粉、石油沥青、改性沥青、乳化沥青、改性乳化沥青的检测频率，不低于《公路沥青路面施工技术规范》（JTG F40）的要求，每批次原材料进场时必须进行检测。RAP 料的检测频度参照矿料的检测频度。

7.3.2 生产过程中 RAP 料测试的项目和频度见表 7.3-1 的要求。

表 7.3-1　再生工厂生产中 RAP 料质量检查的项目与频度

材　料	检 查 项 目	检 查 频 度		试验规程规定的平行试验次数或一次试验的试样数
		高速公路、一级公路	其他等级公路	
RAP 料	外观（石料品种、含泥量等）	随时	随时	—
	针片状颗粒含量	随时	随时	2~3
	颗粒组成（筛分）	随时	必要时	2
	压碎值	必要时	必要时	2
	含水率	必要时	必要时	2
	砂当量	随时	必要时	2
	老化沥青性能	随时	必要时	2~3
RAP 颗粒料	颗粒组成（筛分）	每天 1 次	每 2 天 1 次	2
	油石比	每天 1 次	每 2 天 1 次	2
	含水率	每天 1 次	每 2 天 1 次	2
RAP 颗粒料中的沥青	针入度	每天 1 次	每 2 天 1 次	3
	软化点	每天 1 次	每 2 天 1 次	2
	延度	每天 1 次	每 2 天 1 次	3
RAP 料中的矿料	级配	每天 1 次	每天 1 次	3
	针片状颗粒含量	随时	必要时	2
	压碎值	随时	必要时	2

注：“随时”是指需要经常检查的项目，其检查频度可根据材料来源及质量波动情况由业主及监理确定；“必要时”是指施工各方任何一个部门对其质量发生怀疑，提出需要检查，或是根据需要商定的检查频度。

7.3.3 混合料热再生中使用的再生剂，应按批次进行性能检测。如储存期超过 6 个月，则需重新进行再生剂性能检测，并进行老化沥青再生效果的测试。

7.3.4 混合料温拌再生中使用的泡沫沥青，除需按批次和频度进行沥青性能检测外，生产过程中应每天进行发泡效果的在线检测。

7.3.5 试验室进行的所有试验检测工作，都必须出具标准格式的试验检测报告。

试验检测报告应具有统一的、唯一性的、可溯源的编号，检测报告所包括的信息应完整，检测报告单应由试验人员和试验室负责人签字，检测报告应附带完整的原始记录表。检测报告应同步录入再生沥青混合料数据库。

7.4 试验室的能力建设

7.4.1 再生工厂试验室应根据再生工厂和试验室的实际需求，制订人员培训、设备计量检定、试验室间比对试验等能力建设计划。

7.4.2 试验室应定期开展试验室人员的试验能力比对和培训工作，同时不定期开展再生工厂员工的技术培训工作。

7.4.3 试验室宜不定期开展与其他具有同等（及以上）能力试验室间的比对试验。

7.4.4 试验室应依据相关规定，按周期对试验室所用仪器设备进行计量检定，并获得计量检定证书。

7.4.5 工厂试验室应参考《检验检测机构资质认定管理办法》和交通运输部《公路水运工程试验检测管理办法》，制定符合自身需求和实际情况的质量管理文件，并不定期开展内审。

8 沥青路面材料再生工厂环保要求

不同技术等级的再生工厂，在沥青混合料再生加工生产中，须符合下列规定。

8.1 再生工厂须遵守的环境保护标准与要求

再生工厂生产时，须遵守《工业企业厂界环境噪声排放标准》（GB 12348）、《大气污染物综合排放标准》（GB 16297）、《锅炉大气污染物排放标准》（GB 13271）的规定。

涉及再生工厂生产的相关环境保护要求如表 8.1-1 所示。

表 8.1-1 沥青路面再生工厂相关环保指标与排放限值

<table>
<tr><th>污染类型</th><th>污染物名称</th><th>评 价 标 准</th><th>标准级别</th><th colspan="3">排 放 限 值</th></tr>
<tr><td rowspan="4">噪声污染</td><td rowspan="4">噪声</td><td rowspan="4">《工业企业厂界环境噪声排放标准》（GB 12348—2008）</td><td>声环境功能区</td><td colspan="2">昼间（dB）</td><td>夜间（dB）</td></tr>
<tr><td>2 类</td><td colspan="2">60</td><td>50</td></tr>
<tr><td>3 类</td><td colspan="2">65</td><td>55</td></tr>
<tr><td>4 类</td><td colspan="2">70</td><td>55</td></tr>
<tr><td rowspan="13">废气污染</td><td rowspan="5">苯并（a）芘</td><td rowspan="17">《大气污染物综合排放标准》（GB 16297—1996）、《锅炉大气污染物排放标准》（GB 13271—2014）</td><td>标准级别</td><td>排气筒高度（m）</td><td>最高允许排放速率（kg/h）</td><td>最高允许排放浓度（mg/m³）</td></tr>
<tr><td rowspan="2">二级</td><td>15</td><td>0.050×10⁻³</td><td rowspan="4">0.3×10⁻³</td></tr>
<tr><td>20</td><td>0.085×10⁻³</td></tr>
<tr><td rowspan="2">三级</td><td>15</td><td>0.08×10⁻³</td></tr>
<tr><td>20</td><td>0.13×10⁻³</td></tr>
<tr><td rowspan="4">沥青烟气</td><td rowspan="2">二级</td><td>15</td><td>0.18</td><td rowspan="4">75</td></tr>
<tr><td>20</td><td>0.3</td></tr>
<tr><td rowspan="2">三级</td><td>15</td><td>0.27</td></tr>
<tr><td>20</td><td>0.45</td></tr>
<tr><td rowspan="4">SO_2</td><td rowspan="2">二级</td><td>15</td><td>2.6</td><td rowspan="4">50（燃气）或 300（燃油）</td></tr>
<tr><td>20</td><td>4.3</td></tr>
<tr><td rowspan="2">三级</td><td>15</td><td>3.5</td></tr>
<tr><td>20</td><td>6.6</td></tr>
<tr><td rowspan="4">粉尘污染</td><td rowspan="4">粉尘</td><td rowspan="2">二级</td><td>15</td><td>4.1</td><td rowspan="4">150</td></tr>
<tr><td>20</td><td>6.9</td></tr>
<tr><td rowspan="2">三级</td><td>15</td><td>5.9</td></tr>
<tr><td>20</td><td>10</td></tr>
</table>

8.2 Ⅰ级再生工厂

再生工厂环保措施须按2类声环境功能区、大气污染物排放按二级限定值规定执行。

8.3 Ⅱ级再生工厂

再生工厂环保措施须按2类声环境功能区、大气污染物排放按二级限定值规定执行。

8.4 Ⅲ级再生工厂

再生工厂环保措施须按3类声环境功能区、大气污染物排放按二级限定值规定执行。

8.5 Ⅳ级再生工厂

再生工厂环保措施须按4类声环境功能区、大气污染物排放按三级限定值规定执行。

8.6 废气与粉尘的处理

1 沥青路面再生工厂生产运行中，在不同环节生产的废气，须通过燃烧的方式进行处理，结合冷凝吸附、过滤，达到环保要求后，方可进行排放。

2 沥青路面再生工厂生产运行中，在不同环节生产的粉尘，须通过分散与集中相结合的方式，通过抽吸、过滤，集中处理后，进行再次利用；或通过集中加湿处理，达到环保要求后，进行排放。

3 再生工厂应加强对生产过程中粉尘的控制、回收和储存，厂区环境空气质量应按《环境空气质量标准》（GB 3095）的要求，达到二级浓度限值要求，且符合企业所在地的相关地方标准和环境影响评价要求，见表8.6-1和表8.6-2。

表8.6-1 环境空气污染物基本项目浓度限值

序号	污染物项目	平均时间	浓度限值		单位
			一级	二级	
1	二氧化硫（SO_2）	年平均	20	60	μg/m³
		24小时平均	50	150	
		1小时平均	150	500	
2	二氧化氮（NO_2）	年平均	40	40	
		24小时平均	80	80	
		1小时平均	200	200	

表 8.6-1（续）

序　号	污染物项目	平均时间	浓度限值		单　位
			一级	二级	
3	一氧化碳（CO）	24 小时平均	4	4	mg/m^3
		1 小时平均	10	10	
4	臭氧（O_3）	日最大 8 小时平均	100	160	$\mu g/m^3$
		1 小时平均	160	200	
5	颗粒物（粒径小于等于 10μm）	年平均	40	70	
		24 小时平均	50	150	
6	颗粒物（粒径小于等于 2.5μm）	年平均	15	35	
		24 小时平均	35	75	

表 8.6-2　环境空气污染物其他项目浓度限值

序　号	污染物项目	平均时间	浓度限值		单　位
			一级	二级	
1	总悬浮颗粒物（TSP）	年平均	80	200	$\mu g/m^3$
		24 小时平均	120	300	
2	氮氧化物（NO_x）	年平均	50	50	
		24 小时平均	100	100	
		1 小时平均	250	250	
3	铅（Pb）	年平均	0.5	0.5	
		季平均	1	1	
4	苯（a）芘（BaP）	年平均	0.001	0.001	
		24 小时平均	0.0025	0.0025	

9 沥青路面材料再生工厂的质量管理与劳动保护

9.0.1 再生工厂应按照相关规定进行质量管理体系（GB/T 19001、ISO9001、GB/T 50430 等）、环境管理体系（GB/T 24001、ISO14001 等）、职业健康安全管理体系（GB/T 28001、OHSAS18001 等）等方面的认证。

9.0.2 再生工厂的建设、运行、管理以及相关产品的质量要求等应遵循相关的国家及行业规范、标准等；再生工厂应依据认证的要求和自身特点，编写制定完整的规范化文件，明确责任人，并积极开展内审，发现并整改不合格项。应建立可追溯的生产记录、以及检验过程中的各种相关信息、所使用的原材料、各工序加工过程中的工艺参数和产品应用记录等档案，相关档案至少保存5年。

9.0.3 再生工厂应加强对生产过程中的质量检测和控制，生产过程的RAP料质量控制要求，应满足表9.0-1的要求。再生沥青混合料的质量控制要求，应满足表9.0-2的要求。

表9.0-1 厂拌热再生施工生产过程中RAP料质量控制标准

检测项目		质量要求	检测频率	试验方法
RAP料含水率		≤3%	每2日1次	按《公路工程沥青及沥青混合料试验规程》（JTJ 052—2000）要求方法进行
RAP料级配	≤0.075mm	±3%	每2~3日1次	
	0.075mm以上筛孔通过率	±8%	每2~3日1次	
RAP料中的沥青含量		±5%	每2~3日1次	
RAP料中的沥青	25℃针入度	±7	每5000tRAP料1次	按《公路工程沥青及沥青混合料试验规程》（JTJ 052—2000）要求方法进行
	60℃黏度	±15%	每5000tRAP料1次	

表9.0-2 再生沥青混合料的质量控制标准

检查项目	检查频度	质量要求或允许偏差	试验方法
矿料级配	同类型同批次每天1次	符合设计要求	按《公路工程沥青及沥青混合料试验规程》（JTJ 052—2000）要求方法进行
沥青含量	同类型同批次每天1次	符合设计要求	
再生剂用量	随时	适时调整，总量控制	每天计算
基准料外观	随时	RAP颗粒料分布均匀、无离析	目测

9.0.4 再生工厂应采取切实可行的治理措施，严格控制污染。再生工厂内外污染物的控制与排放应达到国家和地方的有关标准，符合环境保护的有关法规，保护环境和职工健康，确保安全生产。

9.0.5 再生工厂应符合消防要求，建筑物及厂房等应按规定设置防雷设施。给水设施应满足生产、消防及生活需要，排水设施应满足生产生活污水及厂区地面水的排放要求；厂区内应设置道路行车指示、安全标志及环境卫生设施设置标志。

9.0.6 再生工厂应配备必要的劳动工具与职业病防护用品，应设置劳动防护用品储存室，定期进行盘库和补充，应及时更换有破损的劳动防护用品。

9.0.7 再生工厂的劳动卫生应按照《中华人民共和国职业病防治法》、现行国家标准《工业企业设计卫生标准》（GBZ 1）和《生产过程安全卫生要求总则》（GB/T 12801）的有关规定执行，并应结合作业特点，采取有利于职业病防治和保护作业人员健康的措施。

9.0.8 再生工厂内工作场所的粉尘允许浓度应满足《工作场所有害因素职业接触限值化学有害因素》（GBZ 2.1）的要求，总尘浓度≤8mg/m^3，呼尘浓度≤4mg/m^3。

9.0.9 当人员进入RAP预处理、再生混合料拌和厂等无法满足粉尘浓度要求的场所时，应参照《有机溶剂作业场所个人职业病防护用品使用规范》（GBZ/T 195）的要求，确保有效的个人防护措施。

附录 A　再生工厂功能区平面布局典型方案

A. 0. 1　再生工厂功能区平面布局方案

1　地形地貌为平面时，功能区布局方案见图 A. 0-1。

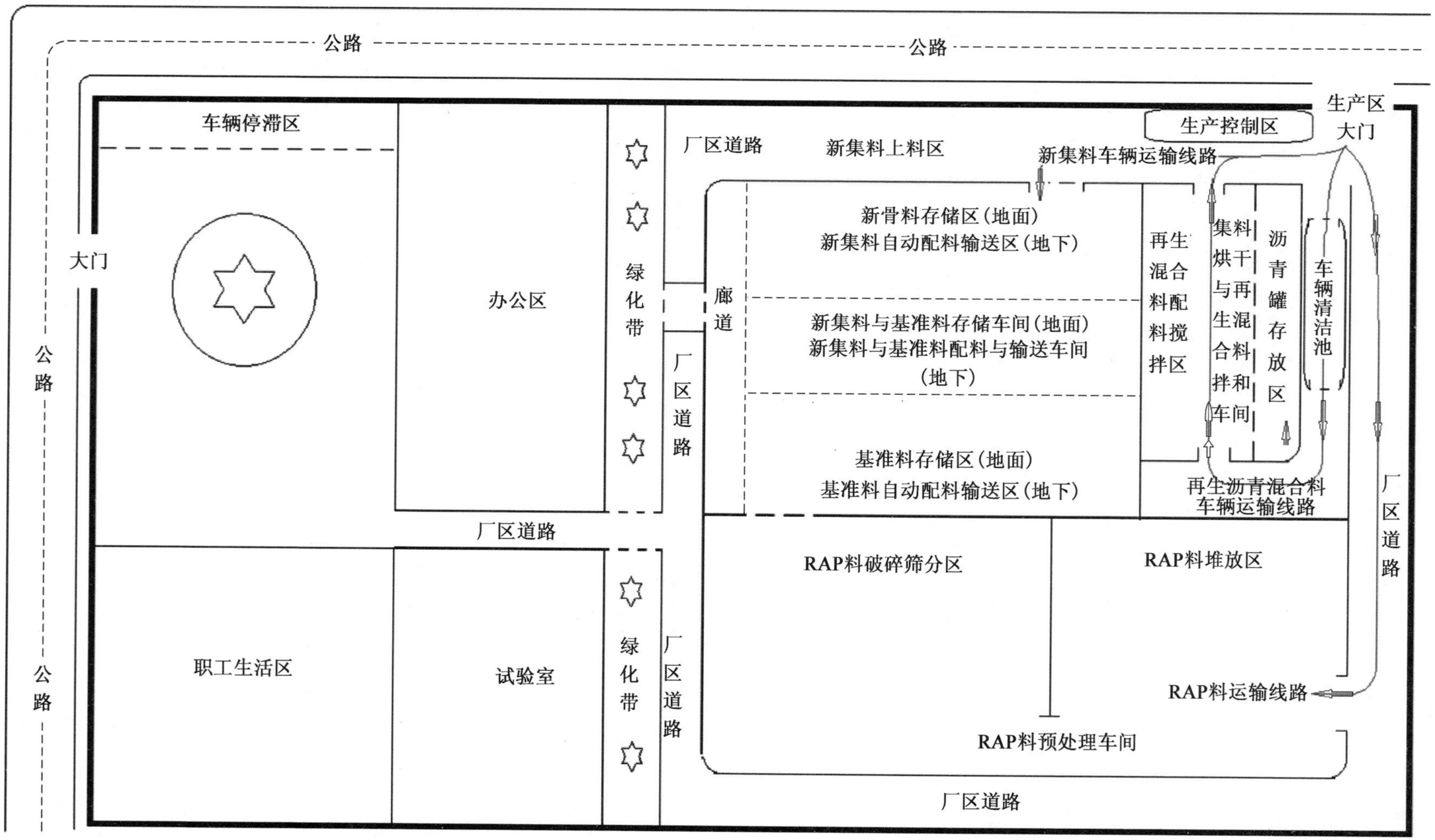

图A.0-1　平面地形时再生工厂功能区布局典型方案

2　地形地貌为台地时，功能区布局方案见图 A.0-2。

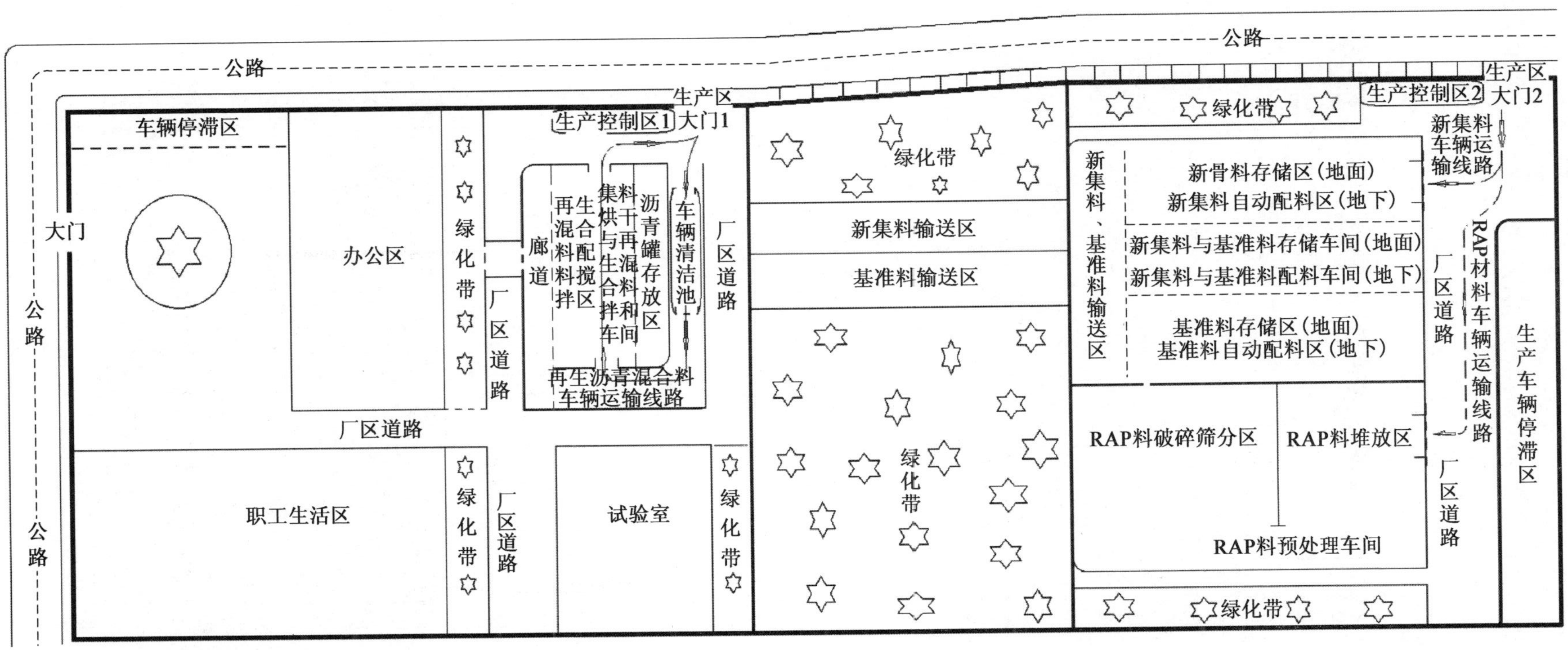

图A.0-2　台地地形时再生工厂功能区布局典型方案

A.0.2 RAP 料预处理车间典型布局方案

1 RAP 料预处理车间包括两个部分：RAP 料堆放区与 RAP 料破碎筛分区。两部分通过 RAP 料输送设备联系起来。

2 RAP 料预处理车间典型布局方案见图 A.0-3。

图 A.0-3 RAP 料预处理车间典型布局方案

3 对于Ⅰ级再生工厂和Ⅱ级再生工厂，RAP 料破碎设备应采用地坑式布置方式，筛分设备可采用半地坑或地面布置方式；对于Ⅲ级再生工厂和Ⅳ级再生工厂，RAP 料破碎设备可采用地坑式布置或地面布置方式，筛分设备采用地面布置方式。

A.0.3 新集料与基准料存储车间典型布局方案

1 新集料与基准料存储车间包括两个部分：新集料存储区与基准料存储区。两部分分别布局在车间两侧。

2 在新集料存储区，包括新料上料系统与新料存储料仓，新料上料系统主要上料设备应布局在对应的新料存储料仓上方，见图 A.0-4。

图 A.0-4 新集料存储区典型布局方案

3　在基准料存储区，包括基准料上料系统与基准料存储料仓、基准料上料系统主要输送设备、卸料位置应布局在对应的基准料存储料仓上方。

4　基准料存储料仓上方，须布置相应的抽风设备。

5　对于Ⅰ级再生工厂和Ⅱ级再生工厂，新料存储区须设置6个新料存储料仓；对于Ⅲ级再生工厂和Ⅳ级再生工厂，新料存储区须设置5个新料存储料仓。新料存储料仓采用地仓式地面布局。

6　不同技术等级再生工厂，基准料存储区须设置5个基准料存储料仓。基准料存储料仓采用地仓式地面布局。

7　新集料与基准料存储车间典型布局方案见图A.0-5。

图A.0-5　新集料与基准料存储车间典型布局方案

A.0.4　新集料与基准料配料与输送车间典型布局方案

1　新集料与基准料配料与输送车间包括四个部分：新集料自动配料区、新集料输送系统、基准料自动配料区与基准料输送系统，位于新集料与基准料存储车间下方(地面下方)。

2　新集料自动配料区与基准料自动配料区，须布局在对应的新集料存储区与基准料存储区正下方，采用下沉式料斗，与对应的地仓连接。下沉式料斗的斗口上沿，与其对应的地仓仓底齐平。在下沉式料斗的下方，应布局对应的称重系统与配料皮带。

3　对于Ⅰ级再生工厂和Ⅱ级再生工厂，新集料自动配料区须设置6个下沉式料斗和称重系统与配料皮带；对于Ⅲ级再生工厂和Ⅳ级再生工厂，新料自动配料区须设置5个下沉式料斗和称重系统与配料皮带。对于不同技术等级再生工厂，基准料自动配料区须设置5个下沉式料斗和称重系统与配料皮带。

4　新集料输送系统与基准料输送系统，包括集料收集皮带与集料输送皮带。其中集料收集皮带须布局在对应的自动配料区称重与配料皮带下方；新集料输送皮带一端与新集料收集皮带一端连接，另一端和集料烘干与再生混合料拌和车间连接。基准料输送皮带一端与基准料收集皮带一端连接，另一端和集料烘干与再生混合料拌和车间连接。

5　新集料与基准料配料与输送车间典型布局方案见图A.0-6。

图 A. 0-6　新集料与基准料配料与输送车间典型布局方案

A. 0. 5　集料烘干与再生混合料拌和车间

1　集料烘干与再生混合料拌和车间包括四个部分：再生混合料配料搅拌区、沥青罐存放区、再生混合料装料运输通道与溢料仓房。

2　再生混合料配料搅拌区，新集料烘干筒与基准料烘干筒须按上置式布局，再生混合料装料运输通道应布局在搅拌缸卸料口下方。

3　沥青罐存放区包括加热炉与沥青罐，加热炉应与沥青罐分开布局，可以布局在车间一侧的两端。沥青罐可采用卧式或立式布局。

4　溢料仓房布局在再生混合料配料搅拌区新料热存储仓一侧，溢料仓房上方与溢料管连接，溢料仓房下方与溢料输送皮带连接。

5　集料烘干与再生混合料拌和车间典型布局方案见图 A. 0-7。

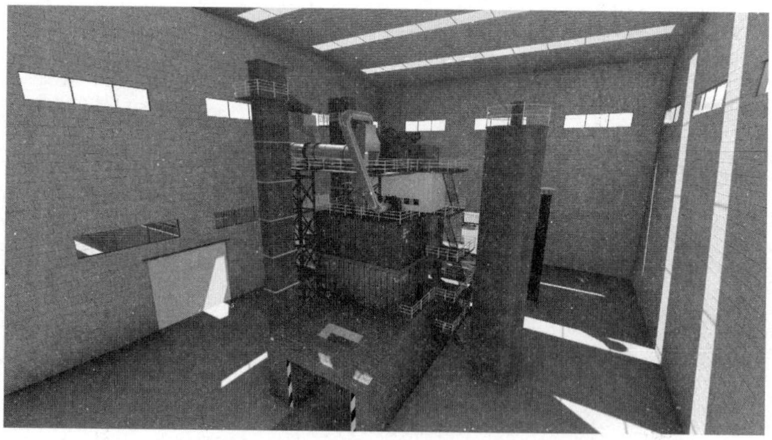

图 A. 0-7　集料烘干与再生混合料拌和车间典型布局方案